Himnos a los altos

Fernando Plata

Himnos a los altos

Prólogo de José Luis Rey

FUNDACIÓN JOSÉ MANUEL LARA
Vandalia

Vandalia, 116

Primera edición: octubre, 2024

Avda. Reino Unido, 11, 1ª. 41012 Sevilla (España)

Edición al cuidado de Ignacio F. Garmendia
Diseño e ilustraciones: Estudio Manuel Ortiz
Maquetación: Manuel Rosal

Dep. Legal: SE 2175-2024
ISBN: 978-84-19132-46-8
Printed in Spain-Impreso en España

PRÓLOGO

Fernando Plata, gallego de Pontevedra, donde nació el 3 de abril de 1999, es farmacéutico de oficio por tradición familiar. Coincide en ello con su admirado poeta expresionista Georg Trakl. Persona apacible y poeta rotundo y delicado a un tiempo es este Fernando cuyo apellido ya indica cierta voluntad alquímica. Pues él concibe la poesía como transfiguración del sujeto o el objeto, pero desde la pura vigilancia de la conciencia. Y lo que más le importa es reflejar el *encanto* de la vida y del mundo. En efecto, estos poemas están llenos de encanto, pero también de fuerza y de fe. De fuerza en la dicción hímnica y de fe en esas criaturas del mundo órfico, *los altos* a los cuales dirige sus himnos.

Poeta de honda imaginación, escribe una poesía visionaria, sometiendo a sus imágenes a una idea rectora, de tal modo que el sentido preside la expresión. Nada de irracionalismo aquí. Al contrario, sus *ideas de orden* proceden de Wallace Stevens, poeta de la imagen no surrealista, pero sí fantasiosa y plena. A Stevens y a Jorge Guillén los celebra como maestros. Tampoco debemos soslayar su amor y su necesidad de la música, como en todo buen poeta, valor musical digno de ser destacado, máxime en un debutante.

Fernando Plata ha escrito sus *Himnos a los altos* y este libro ha sido una revelación para mí. Espero que también lo sea para el lector. Fernando vino a mi Córdoba hablándome y tratándome de usted. Por supuesto, tras tomar algo en una terraza cercana al Alcázar de los Reyes Cristianos, mientras la tarde líquida y violeta de primavera iba resbalando por las torres de la ciudad, nos tuteamos pronto. Hablamos de nuestra común admiración por la poesía de los grandes. De mi poesía me dijo poco, y lo agradecí. En cambio, yo sí le dije mucho de la suya: que era ambiciosa y a la vez humilde; que queda ya, con este libro, confirmada su pertenencia a la primera línea de su generación.

No me cuesta elogiar lo que merece ser elogiado: ya decía Cernuda que la obra hecha con amor merece la atención ajena. También es verdad que mostré cierto rechazo a su visión casi monacal de la poesía, pero esto la misma poesía será la encargada de corregirlo. Este poeta gallego nos entrega ahora su primer libro. Un libro de himnos para el siglo XXI, porque nuestro siglo, como ya se nos avisó, será espiritual o no será. Fernando Plata escribe una honda poesía espiritual y nos la entrega como quien ha seguido de cerca al sol hasta la caída de Faetón, para volver a alzarse en brazos de los altos, los seres mágicos y órficos en los cuales la poesía se ha cumplido en plenitud. Y esa plenitud es garantía de salvación.

Pues bien: aquí está este primer libro y aquí está Fernando Plata, el muchacho vigía de la Costa da Morte que es toda poesía situada en el límite entre canto y eternidad. Fernando Plata nos regala, con su primera obra, una verdadera aventura del espíritu.

José Luis Rey
Córdoba, primavera de 2024

A Jorge, siempre alto

LEDA

Oh cuerpos ofrecidos
al Cisne cuyo pico va rasgando la seda.
En la infancia más pobre de la tierra,
en las mujeres cuya belleza queda oculta
por empobrecimiento y por cansancio,
en el sueño de todos los que sufren
aparece este Cisne, la radiante
visión de los que amamos
la vida
a pesar de la vida.
Una interrogación que se desliza
y canta a punto de morir, no antes.
Y canta
a punto de morir, como también
yo canto a punto de vivir de nuevo
la mañana de invierno en que los Cisnes
se acoplan a las nubes y estas quedan
embarazadas de terribles seres:
los altos, los que sí conocerán
nacer en una atmósfera negada
a nuestro pobre ser.
Sí, vosotros,
nacidos de las nubes,
hijos de cisnes, contemplad a hijos
de ratones. Porque es el mismo Cisne
nuestro padre.
¡Vosotros!
¡Vosotros, sí, los altos!
Sed generosos, porque el Cisne es padre
de una estirpe divina y de la prole
de los vivos aún.

Y al pie de los volcanes tantos somos
los que cantamos las declinaciones
de nuestra eternidad... Oigo los pájaros
que velan en las puertas verdecidas,
oigo los cotilleos de los altos
donde no falta amor, donde hay sonrisas
en los rayos que vienen a bañarnos
y tan blancos nos dejan que pensáis
que vívidos hermanos somos vuestros.
Pues protegednos.
Las muchachas comieron esmeraldas.
Los niños tropezaron con el oro
del poniente. ¡Los muertos
aún están en la escuela
aprendiendo a leer!
¡Leer vuestras leyendas!
¡Solo vosotros, altos, sois tan libres!
Y fue aquí, con el barro de la infancia
con lo que fuisteis modelados puros.
Su momento de agua espera el Cisne,
su momento de bosque.
Y si yo echo a andar y si yo ahora
echo a andar y me olvido
de cisnes y mareas,
¿qué me podría dar el que anduvo en las aguas?
Al desplegar las alas
el Cisne
nos concede misión: trocar el aleteo
por un nombre en la lista de los altos.
Pues lo que tanto amamos en la tierra
será mañana hazaña del cantar.
Los hombres no os conocen, pero yo
os he rozado el pie, os he rozado

el dobladillo que se deshilacha,
algún hilo de alguna camisa gigantesca.
Pues nunca habrá valor en lo divino
si nosotros no lo
rozamos y ahora a punto,
a punto de cantar está ya el Cisne.
Oh canción de los altos.
¡Oh canción de los altos caballeros!
Así es morir, pero los altos viven
para siempre, ¿verdad?
Verdad, verdad, los altos
ahí viven, ahí, tan lejos y tan cerca.
Acaso dentro de nosotros viven,
igual que los franceses
en el sueño de Francia.

MINOTAURO

¡Cómo me duele la cabeza hoy!
En este laberinto de los verbos,
por la senda de césped y adjetivos,
ay,
me perdí cuando era adolescente.
¡Y ya nadie ha venido desde entonces!
Yo creo que morí
siendo adolescente.
Porque entonces la vida era colores
que olfateaba yo, y me parece
que ya no puedo respirar perfumes
azules de los ángeles barberos.
Me parece que ya
jamás despertaré, jamás tendré amigos
como aquellos que un día me envidiaron
por ser tan rico, porque soy tan pobre…
¡Oídme, altos, dadme una leyenda!
Dadme una miga de leyenda y yo
volveré a ser feliz, volveré a cantar.
Lo sé que volveré.
Lo sé porque yo fui adolescente.
Amigos de la magia que volando pasáis,
haced vuestro aquelarre, los conjuros
que nos hacen vivir y seguir adelante
cuando ya hemos vivido.
La vida es baja en nuestra tierra ahora,
pero una vez fue
alta como vosotros, niños hímnicos.
¡Cómo me duele la cabeza hoy!
¡Y ya nadie ha venido desde entonces!
Pero el que fue un dios adolescente,

el que tuvo en las manos una harina de oro,
¿cómo podrá vivir en esta casa
de espejos y de liquen?
Pan del oro comía yo, mi pan
del oro del oráculo.
Pero nadie está libre del cansancio.
Un profundo cansancio,
los amarillos copos de la nieve,
la cuerda rota del violín y la
pregunta persistente:
¿es que voy a morir para vivir?
Y los dedos rosados de la Aurora
me peinan y me duermen.
¡Ya soy el niño que soñé que era!

LA ESCALA

Cada peldaño suena
a música de Réquiem
cuando bajan y suben por la escala
los altos y las niñas amorosas.
Oh qué juego infantil
el de subir al cielo de los cantos
y bajar a la tierra del silencio.
¡Pero en silencio no
estuvo la niñez!
Los altos custodiaban a los niños,
como siempre se ha hecho.
Y un gesto de los altos
promulgaba las nubes,
las nubes y las rosas.
¡Altos!
¡Oh cantores de todo lo escondido!
Igual que por la tapia de un jardín
los niños por la escala iban subiendo,
para espiar su destino de la altura.
Oh no siempre, no siempre
estará en vuestra vida la escala de Jacob.
¡Si estuvo ya en aquel árbol tan fuerte!
¡Si estuvo en el tejado!
¡Si estuvo en el primer sueño del mundo!
Pues la escala es un sueño,
es la añoranza de seguir subiendo,
pero no en la Babel del organillo,
sino en la humilde escala
del boxeador judío.
Oh pena de vivir sin ascender.
Solo vosotros, altos, respiráis

un aire de leyenda
y las teclas tocáis de todo bosque
hasta que nuestra tierra
resuena a punto de romperse y
la tormenta va llena de corcheas,
pues los altos sois músicos.
Y así bajo los rayos
recogeréis la escala
y no habrá tiempo de subir por ella.
Al que llega tan tarde a cierta luz
el desamparo, ávido, lo aguarda.
Pero en su corazón hay otra escala
y acaba de empezar
el juego de los blancos trapecistas.

EN ESTA SOLEDAD

¡Oh qué pronto podré llevar vuestra corona!
En esta soledad de mi Himalaya
jamás me extravié,
sino que estuve yo cantando aquello,
canción aquella del partir del mundo.
¡Oh qué pronto podré
ser buen amigo vuestro!
Muy derecho andaré entre las violetas
y la violencia del abrir los ojos
no podrá retener los espejismos
que son las esperanzas de los hombres.
¡Oh qué pronto podré
reinar entre mazorcas de maíz!
Y serán mi cortejo las abejas
y el día viernes sostendrá el laurel:
sic transit gloria mundi.
¡Pero pronto tendré vuestra corona!
Porque es sabido que los altos vuelan
y vuelven a querernos.
La generosidad de los dadores
será un río desbordante.
El que resiste, espera.
Y siente cerca ya la luz de cima.
Dejaré los parajes del jaguar
y entraré en los dominios de la estrella.
Ay qué lenta, qué lenta la verdad.
Dadme paciencia, esperaré coronas.
Dadme un ala y veré
la gesta de los hijos que no caen,
que no caen porque viven
más allá de mis manos tendidas hacia ellos.

Un rumor de palmeras y veranos
espera al volador. Arriba, el alto.
Los altos que decís una sílaba solo.
Ícaros que resisten con una sola ala.

ARACNÉ

Apartaos, dejadme
ver el poniente, la derrota diaria
del hombre.
En la muerte del oro no vivirán los altos.
Esta puesta del sol es Aracné.
Sus patas rojas y doradas tejen
el jersey de los muertos.
Ay,
Aracné.
Tarántula del dios que nos responde
si le hablamos callados, en voz baja.
En voz baja, Aracné.
Así, como tejías los destinos
de los altos un día,
un día antes del mundo.
La araña que vivió antes del mundo
cada tarde regresa,
hila el morado de las nubes, pone
sus manos hacendosas en el cielo
y es obra su tapiz maestra y buena.
Así el mundo se hunde en telarañas
de color. Y los altos nos sonríen.

MANIFESTACIÓN DEL ESPÍRITU EN MAYO

Suben al cielo globos de colores.
Globos de helio. Los soltaron niños.
Así suben los verbos del poeta
a medirse también en lo infinito.
Suben
los niños después,
los niños que bebieron helio y oro.
¡Cómo sube el espíritu tras ellos!
Parece que una historia
muy larga se confunde con niñez,
que la niñez es fin y no principio,
pues ningún dios fue niño.
El espíritu busca
un lugar en el mundo.
Niños flautistas y los hombres niños
que los siguen hacia el acantilado.
El que pasea por la ciudad se para
un momento y arriba
mira como quien busca lo perdido
y ve niños y globos.
¡Perfecto cumpleaños!
Pero falta la tarta.
Pero falta la tarta y se hace tarde.
Soplad ahora, de noche.
¡Soplad todas las velas de la tierra!

MISTERIO DE LAS CASAS ABANDONADAS

Segunda versión

La piedad de la música es tan grande
que los muertos respiran esa música,
que respiran su música los altos.
Música donde vemos
flotar viejos jardines
en las casas ocultas de la sierra,
en el misterio verde enmarañado
de las villas que están abandonadas.
Y no sabremos nunca quién vivió,
quién amó, quién sufrió en esas casas
sin tener el consuelo de los altos
cuyos pies divisábamos detrás de las vidrieras.

Oh casas ya de nadie, pero sí de los altos
que congregan las nubes sobre ellas,
que hacen caer el rayo de la altura
para el incendio azul de los mosaicos.
¡Los altos sí lo saben!

Ellos saben que una
muchacha se hizo anciana
bajo estas palmeras ya sin vida,
más allá
de caídas estatuas y tritones,
junto al estanque cuyas aguas sucias
no reflejan ya un rostro adolescente,
ni tampoco figuras juveniles
se vislumbran detrás de las ventanas
apedreadas, rotas.

¿Quién hubo aquí? Solo los altos saben
y en sus brazos acunan la memoria
de los muertos del mundo.

Gracias por no decirlo,
altos,
gracias por no decir
que fuimos los que amamos y soñamos
en estas casas viejas, que aquí fuimos
adolescentes y poetas y
los seres solitarios de este mundo.

Música de jardín abandonado,
música de las casas que ya fueron
hogar y son ahora
la huella de los altos cuando pasan
cantando por el aire un único destino:
¡la luz para vosotros, habitantes
del polvo y de la muerte!

CUANDO SEA PRIMAVERA

Mi hermana volverá cuando sea primavera.
Quitaremos entonces los visillos
y abriré muy contento la ventana
para que entre desde el otro mundo
el sol verde y mojado.
Cuando sea primavera mi hermana volverá
con el vestido bello,
con sus hoyuelos hechos por los altos,
que no forjan espadas, pero sí hacen pan
y pena. Oh los dos juntos, ella y yo,
y la Historia aún lejos.
Nuestro hablar
y coserles las alas a los pájaros,
su belleza, que es mía para siempre,
su ceceo de escarcha
y el pasar de los días, que acerca lo sagrado,
todo se cubrirá de flores vivas,
de flores que también estaban encerradas
bajo tierra y no habrá resurrección:
es tan solo el regreso de los mayos.
¡Primavera en el mundo! Mi hermana volverá
subiendo hasta las torres de los altos
que le dieron la gracia y la semilla,
el florecer en luz y ocultarse en la tierra.
Invocadla a una vida ya de nubes,
a una vida de velas en el mar.
Y la serenidad
con que viven los altos hará su naricilla
y sus ojos alegres.
Y su tiempo en la tierra será bien celebrado
por todos los ratones.

CON UN RAMO

¿Quién de vosotros escogió traer
al mundo primaveras?
¡Es como si quisierais cortejar a la tierra
con un ramo de nubes y de sol!
Pues uno de vosotros es quien tiene
zapatos voladores.
Y a ese yo lo envío
a honrar a los que viven en la prosa.
No seremos cosmógrafos, pero sí elegidos
porque podemos veros.
Porque os vemos, mis altos, como erais
de niños, esa infancia
gamberra en que quebrasteis
a pedradas el cielo del otoño
y sus fragmentos de cristal caían
y lo llamabais lluvia.
¡Cómo os soñé de niño, cómo os quise
en libros con estampas, en árboles sin hojas!
¡Y cómo recibí vuestras epístolas
que traía el gorrión que se coló en la clase!
Miradme, yo quisiera
que tanta vida nunca fuera en vano.
No me importa morir si se muere la muerte.
Pero existe la muerte.
Existe y siega con afán famélico.
Por eso os rogaría, buenos altos,
que me dejarais ser un mensajero
para subir hasta vosotros, hasta
vuestros pies y llevar
las sábanas humildes del sepulcro
que dejó atrás alguno de vosotros.

¡Hacedme mensajero de los hombres!
Que yo lleve los llantos y la muerte
y las mañanas de la adolescencia
y todos los momentos de belleza
arriba, a vuestros pies.
Y vosotros, entonces, cogeréis una cosa,
alguna cosa nuestra
luciréis en el pecho,
oh antiguos galanes con flor en la solapa.
Pues nuestra gloria es ya lo que pisáis.
Y mi tesoro de egoísmo es veros,
haber podido veros,
saber que estáis ahí.
Quien camina entre altos alto tiene
y muy dispuesto siempre el corazón.
¿Descansaré? ¿Se morirá el cartero?
No lo sé, pero pienso
que llevar lo más grande de los hombres
hasta los pies pequeños de los altos
creará el equilibrio.
Y en dos reinos habrá fiestas un día
porque los altos sonrieron, ved,
a todo nuestro esfuerzo.

CALDERILLA

¡Mariposas!
¡Cientos de mariposas!
¡Si son la calderilla de los altos!
Ellos no necesitan mucho más
que un buen puñado de sus mariposas
para comprar abril. ¡Ya lo comprasteis, ya
es vuestro! ¡Mariposas! ¡Qué monedas
flotantes se os cayeron del bolsillo!
¿Y habrá
herederos un día?
Dejadme ser por fin vuestro heredero.
Al fin y al cabo los poetas gozan
la misma epifanía que vosotros.
¡Heredero del alto que seré!
Porque voy recogiendo calderilla.
Cazando mariposas compraré
mi sitio entre los altos.
Calderilla que suena y que se rompe
y que vuelve a volar.
¿Seré rico, seré yo rico ahora?
Ahora sí. ¡Para siempre!
No hay cosa que no compre este dinero.
Salud, amor, hechizos… Todo es mío
a cambio de un poquito, a cambio de
las mariposas que conmigo llevo.
¡Atreverme yo a hacer blancos negocios
con los altos! No importa
que pierda mis monedas, porque otras
vendrán y vendrán siempre
hasta el día en que muera.
Y ese día

poned las mariposas
en mis dos ojos. El barquero pide
limosna y en latín
suenan las aguas al hundirse el remo.
Llevo mis mariposas, nada debo temer.
Jamás los altos traicionaron a
los poetas que duermen tras cantarlos.
Ellos son inmortales y nosotros
somos ricos del ver. Valga lo uno
por lo otro y dejadme
en los campos de escarcha esperar mi dinero.
¡Hermoso día para comprarlo todo!

NI EL POETA SIQUIERA

¡El niño de las nanas!
¡El mimado de toda Creación!
Las muchachas de ayer, que me quisieron
tanto, ¿dónde están hoy?
Hace tiempo que quiere el corazón
descubrir el misterio de haber sido.
Pues ir a ser y ser no tienen mérito.
Pero haber sido es grande
y es difícil.
Vosotros, inmutables, os amáis
unos a otros y empujáis el mundo
hacia delante siempre y es por ello
que me cuesta volver.
¡Los saltos que yo daba!
¡Cómo quise subir hasta vosotros
para no estar a solas con mi don!
Ni el poeta siquiera alcanza el límite
que empieza en los zapatos que os ponéis.
Pero yo que aún soy joven, ¿con quién podría hablar?
A menudo los jóvenes no saben
el esplendor que es ser joven. Mis altos,
vosotros que tenéis siglos de edad
y sin embargo amáis como muchachos,
solo vosotros sois los compañeros
del perdido en las dulces añoranzas,
en esas penas idas a buscar
porque el alegre corazón no sabe
(siendo más natural que la elegía)
hablar de ciertas cosas sin lamento.
Y yo sí sé la gloria de ser joven
mientras lo soy. Y aunque

la nana de los altos mece y mece
mi corazón, ya no me dormiré.
Está todo el misterio
en la gloria que un día ha de venir.
Pero ya las ciudades no se rinden
ante mí, ni las hijas
del tabernero danzan una polca.
No siempre entenderemos los diamantes.
¡Altos, sois como joyas en mitad del camino!

VISIONES DE INFANCIA

Honor a las canciones
que en su oído dejabais crecer como una selva,
crecer como tormenta hasta volverlo ebrio,
niño ebrio del aire y de la gracia.
Y el niño visionario
fue alzado por vosotros, sostenido
por vosotros.
Y el amor, al nacer,
al suavemente descender de nubes,
¿el amor vino de él o de vosotros?
El amor que sentimos en la infancia
y el amor que los altos sentís siempre,
¿no son el mismo en cuanto son eternos?
Y el niño capitán de los insectos,
el generoso silbador del sábado,
qué protegido iba por la tierra
porque bien lo mirabais, porque bien
los altos salvan a los niños buenos.
¡Gamberros del espíritu!
Vuestra pedrada fue lanzarle el sol
a la frente. Y es bien sabido que
la pedrada amarilla da visiones.
Así empezaba a veros, así empezaba a hablar
con vosotros el niño, persiguiendo
un instante de luna ya en su cama,
el instante en que siempre aparecíais
a soplar en sus ojos: los leones
y las mujeres altas y columnas de mármol
y el compañero muerto de la clase,
todo estaba en el fondo de aquel lago
que aquí llamamos cielo, donde los altos nadan.

¡Ojos tan poderosos! ¡Y de pronto!
Tan pronto que no supo
el niño dar las gracias.
Pero sobre una nube navegó
al ritmo de una bella polonesa
y el amor, las visiones
desbordaban en él porque así lo queríais.
¡Y no fue un elegido!
¡Vosotros, los dadores, sí lo fuisteis!
Porque el niño debajo de su cama
venció a Napoleón.
Y vio fundarse Egipto debajo de su cama.
¡Oh pródigos del ver! ¡Y qué prodigios!
¿En un cuerpo pequeño cupieron las visiones?
Sí, sí, todas entraron por los ojos
para fortalecer el corazón.
¡Hércules de ocho años! Las manzanas
de Hespérides pendían de la estrella.
Y el dragón nada pudo contra el niño.
Altos, si vuestro don
se pudiera comprar, cuántos pedantes
y presumidos se dirían poetas.
Pero el niño al que disteis las visiones
jamás necesitó llamarse así.
Porque es cierto que siempre la verdad
que nació de una honda gratitud
es más que el mundo, pues el mundo es nada.
Y yo fui aquel niño cuyas lágrimas
os dieron siempre gracias por el ver.
Venid.
Acercaos aún, dadme visiones
todavía, pues nunca cumpliré
más de ocho años en la hierba viva.

Y seré el invencible por el don
que dais los altos a los niños hímnicos.
¡Y seréis invencibles por el sol
que el niño dibujaba en su cuaderno
para darlo a los altos luminosos!

EXTRAÑEZA

Decid, altos, lo extraño de la muerte.
Y cómo, poco a poco, sube el agua
por la escalera hasta cubrir la casa.
Y cómo bajo el agua seguimos respirando.
Decid si alguna vez fuisteis mortales,
si tuvisteis también
unos ojos cerrados para siempre
y un cuerpo abierto a la
exhalación azul del universo.
No, no fuisteis mortales.
No conocisteis el misterio enorme
de ser, como nosotros, pasajeros.
De tener esperanza y tener ilusión
y sentir cuánto vale
la vida cuando ya no vale nada.
Nunca jamás
nosotros volveremos a ser esto:
cuerpos que sienten frío,
mentes que dan calor.
No sé lo que seremos ni si acaso
podríamos cantar como vosotros
la canción inaudible todavía,
la visión del oído por venir.
¡Edén en el oído! Si pisarais aquí,
se quebrarían todas las torres de Babel.
Qué extraño no hablar ya nuestra lengua materna,
sino la lengua de los altos y
sentir el parloteo dejado atrás
que nada significa y es la norma
y estética de tantos.
No.

No llegará lo extraño hasta la lengua.
Ninguna muerte acallará la boca
que dice su alabanza.
Nos iremos haciendo más delgados y jóvenes
a medida que al fin nos acercamos
a vosotros y ved:
una nana, una música, un paisaje
por nosotros podrán hablar aún.
El silencio tendría que contener las vidas
pasadas y futuras y presentes.
El lenguaje podría no existir:
el pueblo de las nubes es callado
y sin embargo pasa con grandeza.
Pero somos palabras que buscan corazón,
que buscan el amor y no el oído.
Millones de poemas escritos por nosotros
contra un solo silencio de los vuestros,
¿pudieron hacer nada?
No es solo la alabanza que os rendimos
ni es solo la atención que regaláis.
Es la vida. Es la vida que así sube
al reino de los altos donde no ha de llegar
el hombre y va dejando
un cuerpo por el aire,
unos huesos, un sol, un pensamiento.

LOS MAESTROS NOS DIERON TODO EL ORO

¿No les daréis consuelo a quienes ponen
en vosotros su fe?
En vosotros yo puse mi confianza
desde mi infancia absorta y me premiasteis
con poesía, con conjuros varios.
Un alto me dio fe. Los otros altos
me dieron el buscar eternidad
desde mí mismo. El mundo
era un jardín inagotable y bello
y la paz de las fuentes colmaba el corazón.
Y después, en la enorme adolescencia,
me disteis esta sed de la palabra,
la sed que solo sacia tener sed.
¡Esbozos, garabatos
hechos por mí en los libros del colegio!
Así os podía ver, amigos altos.
¡Cuánto camino con vosotros hecho!
¿Y cómo no habría de ser así?
Otros cantan el mar, las rebeliones,
el odio cantan y la luz del Ser.
Yo canto al niño a solas con vosotros.
Al niño que ahora aprende
que la muerte no existe
porque existen los altos.
¡Felicidad en ambos reinos, vida
y muerte!
En la vida nos cuidan los más altos.
En la muerte ya somos como ellos.
¡Qué subir a montañas! ¡Qué subir!
Mientras cae la nieve como música,

con copos de corcheas misteriosas.
Pues todo me enseñasteis.
Vosotros me dejabais escapar
de clase, hacer novillos, me dejabais
aprender de memoria
las mil formas de no hacer nada y ser
el más feliz sobre la angosta tierra.
Pues bien, ya he aprendido.
Y en el Pentecostés vendrán palomas,
lenguas de fuego a iluminar la muerte.
Yo les diré a los hombres: *primavera.*
Y ellos me creerán como yo os creo.
Y el don de lenguas
estallará en la frente de los fieles
a vosotros. Y todo aprendizaje
de vosotros vendrá. ¿No vino así
el suave sol hasta la boca un día?
Pues no temáis perdernos en la muerte,
los novillos eternos.
                                        Volveremos a clase
con la sonrisa de quien ha vivido
el don y suyo es.
¡Acariciad la crin de las estrellas,
jinetes de la Osa!
                                    Y esperadnos,
esperad hasta el día de los días
en que volvamos niños y maestros
a ser los amparados por la gracia,
amigos de los gatos y las gotas
benditas de la lluvia. Así, la gracia
cae líquida y bella por los rostros
de quienes tanto se amarán un día,
el día del llegar más verdadero.

¡La gracia siempre una y para todos!
¡Garabatos, mis altos!
Haced los garabatos del amor.
Los maestros nos dieron todo el oro.

NO SIEMPRE

No siempre os cantaré con gracia y fuerza.
No siempre os cantaré desde la luz.
También os cantaré
con mi mitad de sombra,
con mi debilidad y mi tristeza.
No se hizo nuestro mundo tan solo para el goce.
El vuestro sí, pues vuestro mundo es sueño
y energía y verdad. Y sin embargo
no podéis comprender el sufrimiento.
¿Por qué a los hombres vino
el sufrir, esa cosa tan ajena
a vosotros? Pues creo, sé y he visto
al sufrimiento abrirme las entrañas
para hallar la mandorla y dentro el sol.
¡El sufrimiento es cáscara del sol!
Y quienes lo conocen solo saben
que no hay fin. Pero habrá,
os lo digo que habrá
una transformación
del cuerpo sumergido en torbellinos
que lo alzaron al límite del Ser.
¡El cuerpo destrozado por la altura!
La misma altura en la que andáis ligeros
sobre nosotros, altos de ese sol
que salió de nosotros.
Y diréis:
¿cómo es posible que
de los cuerpos mortales salga el sol?
En vuestro mundo todo es inmutable.
La historia de los altos es más lírica
que épica. Y por tanto

os sorprende el sufrir que acaba en sol.
Pues dejad que os cuidemos.
No siempre somos solamente hijos.
A veces somos padres de los altos.
Les damos a comer el pan de la amargura
y los llevamos a jardines bellos.
Y así piden crecer,
piden crecer los altos en brazos de los hombres.
Y cuando ya han crecido
se divisan sus vidas luminosas
en la noche de humana compasión.
¡Pobres altos que aprenden a sufrir!
Con nosotros aprenden a sufrir.
No siempre son los altos nuestro bálsamo;
nosotros somos sus heridas bellas.
Tocad esas heridas y mudos quedaréis:
los altos son más altos
cuando están más heridos.

AL PIE DE UNA MONTAÑA

Separados debemos vivir unos de otros.
Pero eso no implica
que el espejismo de los junios muera.
¡Vosotros custodiáis tanta belleza!
¡Vosotros sois la libre realidad
que aplastaría a los hombres que solo tienen sueños!
Y yo os sueño porque no puedo veros.
Aunque os siento en la nube,
la misma que pisáis.
Aunque os siento en la brisa
que nos promete el mar.
¡Altos!
Ya no pienso en la muerte como antes.
En vida y muerte sois la eternidad.
Y yo soy el muchacho
que confiado vivió en vuestros brazos.
Os podía sentir tendido entre la hierba.
Os podía sentir mi gran amor de niño.
El niño ama el universo entero:
con generosidad se lo ofrecéis.
El niño toca el piano y lo siguen los gatos.
Es primavera en las ciudades altas
que flotan casi cerca de la vista.
El mar golpea arriba y el cielo se abre abajo.
¡Oh amor del niño que vivió en dos reinos!
Sí, la primavera
en las ciudades altas… ¿Qué sé yo
de vosotros que no sepa de mí?
Pues la belleza fue mi gran castigo.
Oh retener un poco de agua entre las manos.

Oh dejarse llevar por los torrentes
del verbo hacia la altura.
¡Cuántas veces
estuve a punto de romperme, cuántas
estuve a punto de romperme entero!
Como espuma en la orilla: así llegamos
a lo sagrado donde están los altos,
donde hay un niño, un árbol y una muerte
más grande que la vida. Perdonadme
por querer compartir esta visión.
No sé si somos dignos, pero aquí
estamos
como un corazón al pie de una montaña.

FAMÉLICOS

¡Los altos, los famélicos de luz!
Para ellos yo haré un gran banquete:
un bosque hervido, un mar hecho natillas,
todo espolvoreado por la luz.
¡Si este libro es la luz!
¡Comed del libro, mis golosos altos!
A veces viene bien al corazón
un ayuno, un dejarse de belleza
para buscar tan solo eternidad.
¡Pero en la eternidad están los altos
y ellos quieren belleza!
Por eso les cantamos.
Por eso nos dan miedo los famélicos,
los altos que podrían devorar este mundo.
Pero educadamente
tan solo prueban sauces o una estrella
y dejan lo demás y los famélicos
no sacian su agonía
hasta el Apocalipsis y su pan.

ILUMINACIÓN ADOLESCENTE

En una moto dos adolescentes:
Leiva y yo. Dos amigos
de quince años adentrándose
en milagros de mayo, dos amigos
faltando a clase, atravesando en moto
la gloria de la fuerte primavera.
Las ruedas suenan como
un enjambre de abejas
y destilan la miel de la aventura.
¡Muchachos que leyeron a Rimbaud!
Y la motocicleta
comienza a despegarse poco a poco del suelo.
Dos amigos que aman a la misma muchacha
y puede que ella los ame a los dos.
El viernes se verá. Porque los viernes
son el imperio abierto de los adolescentes.
¡Viernes de vida y de valor! El pecho
sintió la plenitud de tanta búsqueda.
Los muchachos buscaban lo sublime:
la adorada, el poema y la cerveza.
La poesía estaba en todo el aire.
Y allí en el horizonte
se había puesto en pie ya el Carpintero.
¡El Carpintero en mangas de camisa!
Pues solo él podía bendecir
nuestra aventura de aprendiz de pájaros.
Oh Carpintero que
hiciste la mañana de madera
blanca y gigante para dos amigos,
dos amigos que faltan a las clases

porque tienen misión: hacer cumplir
la belleza en la tierra.
                                        Y lo lograron.
He recordado a veces esa luz.
Recuerdo que flotamos un momento
con la motocicleta en el aire dorado.
Pudo ser de otro modo,
pero se cumplió así.
Y ya no navegué junto a mi amigo
ni vi en el horizonte al Carpintero.
¡Pero a vosotros sí os sigo viendo!
Os veo en la aventura de los días
por venir. Y ahora os veo
también dentro de mí, niños terribles.
¡Dondequiera que mire veo a los altos!

LIBRO ILUMINADO

¡Cómo escribís el libro iluminado!
El libro de los días y las noches
y cuyos personajes son millones,
pues el libro enumera a los vivos y muertos.
Cada uno de nosotros, en el libro,
alcanza al fin la vida verdadera.
Cada uno de nosotros es epígrafe
o al menos una nota a pie de página,
siendo los asteriscos las estrellas.
¡Libro crujiente del verano, cuando
apenas sabíamos leer!
¡Libro infinito donde están los muertos
y los vivos! De modo
que fuera de sus páginas no hay
lectores.
Qué pronto conocisteis la verdad:
que este libro se bebe y no se lee.
Y cada uno de sus personajes
es tan distinto de los otros que
salto y salto muy solo con mis botas
en la taberna azul de los cantantes.
¡Pues de eso trata el libro!
¡Un libro sobre todos los cantantes!
Los que abren la boca para darnos su música
y también nos dan muerte y plenitud.
Los que cantan y cantan
y es por ellos que existe la belleza
absoluta. ¡Ay, altos, cómo amáis
a vuestros pobres rivales!
Pues yo que soy cantante apenas soy
un verso de ese libro iluminado,

pero con tanto y tanto amor lo soy,
con tanta y tanta fuerza
que se quiebran las páginas y salgo
y ahí afuera comienzo a crecer y crecer.
Y crezco y crezco hasta vosotros, altos.
¡Hacedme un hueco, hacedme
un rinconcito en la galaxia viva!
Salí del libro iluminado para
iluminar el mundo.
¡Altos, se os escapó un personaje!
El que ha crecido hasta mezclarse con
vosotros, el que sueña
fuera del libro ya todos los sueños.
Y esto era la gloria,
este romper el libro iluminado
desde dentro y salir
a la tierra cercana de los altos,
por el honor de veros y saber
que podemos cantar,
por la alegría de amaros y saber
que también nos amáis.

ORO Y ESPÍRITU

¡Qué huérfano de Júpiter sería!
Pero no puede ser.
No puede ser, no, no.
Desde niño tirabais de mí
camino de la escuela.
Y luego, adolescente, aún tirabais de mí
al alto y alto amor.
Pintabais la ciudad, vuestros pinceles
se hundían en el poniente
para pintar las casas con la muerte del sol.
¿Muerte del sol? ¡Pero si el sol volvía!
¡Si volvían la escuela y las canciones!
¡Si las calles se abrían solo para nosotros!
Ay, ¿por qué todo pasa?
Vosotros deberíais saberlo.
Vosotros de inmutable paraíso.
¡Vosotros de la luz y de la música!
Pero nadie lo sabe
y esta es nuestra única verdad.
¿Y si la muerte
me reuniera por siempre con vosotros?
¡Esta es mi fe, la misma
fe del niño en la nube!
Vosotros sois tan lentos
porque arrastráis los siglos.
Yo solo arrastro las palabras pobres
que os diré tras la muerte.
Porque ya me he cansado
de decirles palabras a los hombres.
Solo diré palabras a los altos,
que sí me escucharán.

Pero el himno que llega hasta vosotros
ha de empezar aquí,
ha de empezar en mis zapatos torpes,
en mi vieja camisa, en
la juventud perdida viendo tantas visiones.
Porque el himno que llega hasta los altos
se hace con las frases de los hombres,
con la limitación
de los ojos que un día verán la luz en todo.
Los mismos ojos vieron las tinieblas.
¡Pasad como las nubes!
Id tan lentos que yo pueda seguiros.
¡Nubes camino de la muerte y hombres
camino de los altos!
Claro que
me dará mucha pena desprenderme
de todo lo que tuve, pero así tendré todo
lo que vosotros dais: oro y espíritu,
suaves ganas de hacer bromas aún,
contar estrellas y contar los siglos
que ya han pasado desde nuestra muerte.
¡Esta muerte que es vida
porque me estáis cantando!

TOLEDO

En Toledo los altos, en Toledo,
do juran los hidalgos.
Los altos, retorcidos como llamas,
los fieles con la mano sobre el pecho.
¡Zocodover, los altos en Toledo!
Allá en la noche verde del invierno
se escucha una campana:
decid vuestro conjuro
antes de que se quiebre el corazón.
Haber sido tan joven en Toledo
y tener el espíritu templado
por el acero de la buena luna.
¡Pisar Toledo, ser un buen vasallo,
un escudero joven, un poeta
pintado por un griego allí en la altura!
¡Qué antigua es la alegría, cómo duele
abrir los ojos en Toledo! Ninfas
tejieron los tapices junto al Tajo
y así cada tapiz contó una historia.
Pues dejad que estos himnos
se escriban en el cielo toledano,
do juran los hidalgos,
donde juran los altos
con el sol de la puesta. Que un buen día
volverá Garcilaso de la guerra
y somorgujará la su cabeza
en las aguas antiguas del origen,
confiando, sabiendo
que no hay muerte ni vida: solo altura;
que solo hay altura,
que solo hay altura y fijosdalgos.

MI SUEÑO TODAVÍA

¡El estar con vosotros por el aire!
¿Me criasteis vosotros?
¿Me amamantasteis con la luz de oro?
¿Sois madres o sois padres?
¡Hijos, hijos!
Sois de la Creación los primogénitos.
Dadme la mano, altos,
dádmela, que he crecido ilusionado
con la esperanza de soñar que un día
si os rozo ya jamás seré mortal.
Tan grande como es el corazón,
¿cabe en la muerte?
Hijos, hijos, los altos del morir.
Hijos sois, merecéis
que os acunemos y os cantemos nanas.
¡Nuestros hijos los altos por el cielo!
Oh nido de palabras.
Oh nido del decir
que os nutrió para siempre.
Para siempre mi sueño,
el de estar con vosotros.
Y pese a la fatiga de ser hombres,
pese a los días
en que cuesta existir, pese a la falta
de amor en este mundo,
os tenemos, es cierto que os tenemos.
Porque mi fe es famosa.
En la fe del teneros puse yo
mi sueño todavía,
en la fe del amaros puse yo
la vida con la muerte.

Oh la alta vida porque estáis conmigo.
Oh la alta muerte porque yo os veré.
Dejadme mucho tiempo en este mundo,
que no me cansaré
de ser el mensajero de los altos.
Pesará la misión, habrá algún día
en que la fe flaquea y todo cae.
Pero nada se pierde. Y otra vez
esperaré el amor que viene del Amor,
las palabras que vienen de la sola Palabra.
Y cada vez que caiga yo será
para alzarme en la gloria.
¡Si este poema es solo una escalera!
¡Subid conmigo, aúpa!
¡Hacia el oro, hacia Oriente!
Y no hacia la resurrección, tan fácil,
tan polvorienta, no. ¡Subid conmigo
hacia la hermosa transfiguración!
Mi sueño, todavía…
Ya mis manos son música.
Ya mis ojos son sol.
¡No estoy muriendo, no: estoy llegando!
Estoy llegando al pie de tantos altos.

EN MI NIÑEZ GALLEGA

En mi niñez gallega y bendecida
el polen pasajero susurraba en latín
y los bosques me daban frutos fríos
y la Costa da Morte
era el fin de la vida; allí los ojos
se ejercitaban en tener visiones
y veían más allá
del cuerpo y más veían
las ciudades ocultas tras las nubes.
Mi nacionalidad
es del cielo. Muchachas
me daban clases de francés y almendras.
Yo las veía desnudas
a la moda del siglo XVIII.
Y veía también un torneo de lanzas
cruzándose en el lento crepúsculo de Escocia.
Sí.
Yo tenía visiones.
Solamente después podía hablar,
pues no debe palabra aventurada
interrumpir la gloria del que ve.
Copos verdes de nieve, en los jardines
que eran solo visibles en la música.
La música que abre
los ojos.
Yo te vi, Lady Godiva.
En mi niñez gallega yo te vi
y vi que eras mujer y vi que eras
poesía, altitud.
Qué nube desgarrándome los ojos.
¡Ver!

¡Después de ver, amar!
¡Cantar mientras se ama!
Este es el don que dais los más queridos.
Y yo os veía en mi niñez gallega,
entre hierbas y espuma yo os veía.
Oh aprender con los ojos
el alfabeto que es llave maestra
del decir y del ser.
El alfabeto entrando en mis pupilas
como en Praga un ejército.
Sonar de botas mágicas
sobre el gris empedrado. Y las promesas
de volar algún día,
de volar y reunirnos con vosotros.
Una larga paciencia me dio la eternidad.
Y yo le di palabras.

UN HIJO

Un hijo canta nanas a su madre.
A su madre tan vieja canta nanas.
Y la acuna y le dice: *madre, madre,*
no te mueras, escúchame.
Fuera del hospital prosigue el tráfico,
a su hora abrirán los cines, las farmacias,
y las lavanderías dejarán impecables
las túnicas que luce el sanedrín.
Fuera del hospital siempre hay milagros
y hay adolescentes que no quieren morir,
que no saben que no quieren morir
y que no morirán.
Ciertas nubes amparan a ciertas damas tristes.
¿Son así nuestros altos en Baviera?
¿En Alsacia los altos son así?
¡Ay, quién fuera muy alto y bajito a la vez
para cantar sus nanas al oído
de la madre primera de las madres!
¡Oh madre toda huesos, yo te canto!
¿Desayunaste bien?
¿Fuiste al mercado de las flores? ¿Fuiste
a la laguna Estigia a comprar tus manzanas?
No vayas más sin mí, madre de madres,
pues los adolescentes te apedrearán,
te negarán saludo
los árboles. Los pájaros tan santos
te arrancarán el pelo a picotazos.
Después, te olvidarán.
No vayas más sin mí a ninguna música,
mujer que llueves, tú, madre que tocas
el gong de los crepúsculos atados,

esos dragones de siete cabezas.
Tu odio es fuerte, oh madre moribunda.
Puede hundir toda Italia, puede alzar
todo infierno. No vayas más sin mí
a la música.
                    Y si
de noche sientes tú tu nacimiento,
si de noche dominas un imperio tan vasto,
hazte pobre de día y sal a mendigar
las monedas de Dios,
esa gloria amarilla después de tantas nanas.

LA AMIGA

Oh ciudadanos de las nubes
que pasáis lentamente en las viejas repúblicas
de algodón y paciencia. Ahí lleváis
una vida que es luz y que nosotros
sentimos, afligidos, que no es la nuestra aún.
Ni siquiera de niños alcanzábamos
con nuestros saltos vuestro reino púrpura.
Vosotros cocinabais la gran yema del sol
y hacíais pasteles y una pizca de harina
caía a nuestra tierra: se encendía el verano
y tantos descielados creíamos volver
un solo instante al esplendor primero.
¡Vosotros que vivís después de haber vivido!
Sed
mi corazón ahí, en vuestro aire,
los anfitriones que preparan fiestas
y cantan al venir los invitados.
¿Me invitasteis a mí? ¿Estáis cantando ya?
Muchas veces tendido miré al cielo
y sentí que la hierba me elevaba
y vi entre los jirones de las nubes
una casita suiza, con su reloj de cuco
y su cocina blanca
donde hervía Virginia el apio frío.
¡Virginia!
Adolescente tú, yo solo un niño
que te amaba y que amaba ir de tu mano
hacia el colegio azul de las leyendas.
Y mirando tus ojos te decía:
un día seré alto.
¡Seré alto por ti, tendré tu altura!

Y a nadie querrás más que a este niño…
Caramelos me dabas cuando quería besos.
Hablabas con los altos y a mí me sonreías.
¡Altas rubias que no hacen caso a un niño!
Y yo solo en la noche con estrellas,
en mi cama
de sábanas tejidas por ratones
que pronto iba a zarpar,
yo solo en el misterio de los mundos
y antes, mucho antes
de aquel naufragio de mi cama vi
en el techo del cuarto la gran revelación:
¡yo ya había sido alto!
Yo respiraba alturas y también
vivía en esas nubes, chico de los recados,
el recadero de las altas damas.
Me encargabais llevar
los pájaros al mundo.
¿Qué no podría conseguir un mago?
De casa a casa fiel transcurría mi vida.
Llevaba pan a unos y a otros traía flores.
Tocaba el clarinete en el ocaso
y bailaba hasta el fin
de los tiempos, amor.
¡Amor de mi alta fe!
Y si los niños son los más altos del mundo,
¿qué estatura tendrán los muertos en las nubes?
¡Virginia viva del bendito bien!
Dame la mano, dame
la memoria de todas las infancias
tú, mi revelación de las alturas,
amarilla coqueta de las lágrimas.

AFORTUNADOS, VED QUE OS HE SERVIDO

En las torres de todas las ciudades
la primavera ondea victoriosa.
Pequeños topos se asoman
por los agujeritos del Azul.
Y los niños que toman cucharadas
de sol y eternidad,
los niños que seremos, muy despiertos
y tardíos, tendremos
vagos recuerdos de la vida aquella
donde había sauces y clavos
y rosas y traiciones y las cúpulas
cantaban y las cúpulas cantaban.
Porque lejos estáis los agraciados,
a quienes acompaña desde siempre el espíritu.
¡Vosotros los que amáis más allá del amor!
Dadme la mano y suba y suba yo
al lado de los altos, donde apenas
alcanzará la música su cima,
donde apenas la muerte
alcanzará su cima.
Cansado como estoy del amarillo
fulgor del no saber,
quise saber y supe las palabras
que no son don sino final del mundo.
¡Ay,
yo que adoro a los altos cantaré
en voz baja, en voz baja!
Porque solo en voz baja os diré el oro
que late en vuestro pecho, y os diré:
afortunados, ved que os he servido.

¡Zancudos del cantar!
Si pudiera algún día liberarme
de la prosa del mundo
tal vez no escribiría poesía.
Porque estaría ahí, en la poesía,
que es donde estáis los altos.
Cansado de la tierra, veo las nubes
pasar. En los dos reinos habité.
Ni la prosa del vulgo
ni el verso de los altos.
El pobre corazón es nuestra casa.

PORQUE AMASTE EL AMAR

¡Aquel campo de trigo con estrellas!
Porque amaste el amar te di el amor,
dice el alto a mi niño,
a mí, al niño suyo que fui yo,
el niño de los altos en el trigo.
¡Oh los hijos del don!
Porque amasteis amar
os fue dado el amor.
Y a zancadas os vais por esos mundos,
no ya mundos de Dios, sino la tierra.
¡La tierra con espigas de los altos!
Porque amamos amar
nos disteis las visiones.
Y todo lo visible jamás fue triste lloro,
sino el principio de los aires puros
donde veo a los altos
nadando con los niños.
¡Oh ver las maravillas del callar!
¿Hasta cuándo será mía la gracia?
Otras visiones, por amar, espero.
Pero no más visiones de este mundo.
¡Espero las visiones de los ojos cerrados!
Ese destello
que dice al alma: *emperatriz, ¿qué quieres?*
Y ella quiere a los altos.
Mi alma quiere a los altos que supieron amar.
Si una miga de nube
me hiciera crecer más,
si un buen vaso de leche
me volviera a mí albino,
ya nunca dejaría de nutrirme.

Pero sé que es el hambre
lo que hace a los altos
que no encuentran jamás pan en la tierra.
¡Dadles pan de los Cielos, dadles pan!
Va a empezar el festín.
Los invitados de la luz sonríen.

UN CANTO Y UN RECUERDO

Una niña corriendo tras una mariposa.
Nunca la alcanzará.
Así soy yo corriendo tras vosotros.
Nunca estaréis conmigo.
Pero mi vida crece
porque voy tras vosotros.
En el mismo jardín en que fui niño
ibais y veníais por la hierba
y el mundo entero era vuestra casa.
Cómo sabía el niño esperar vuestras horas
alegres y propicias.
Para él no erais algo muy distinto
del agua y de los pájaros.
Ahora
para el hombre qué sois sino destellos
de todo lo divino que una vez
encarnó en su palabra.
Ahora sois el viento de la siembra.
Para los elegidos seréis siempre
sus vecinos ruidosos.
A escobazos el hombre
trata siempre a los músicos.
¡Hermanos de la altura a los que nunca
dejaré de escuchar sin veros ya!
Vuestras botas de siete leguas blancas
me pisarán el pelo enmarañado.
Y tomaré vuestro licor alquímico.
Y un canto dejaréis,
un canto y un recuerdo.
El canto de los mudos que siempre son felices

solo porque os recuerdan,
porque os recuerdan vivos en su reino.

LIBRO ILUMINADO

Segunda versión

Doradas miniaturas donde estáis
leyendo el cielo de la tarde o bien
soplando en el espíritu leyendas.
¡Leyendas!
En las viejas estampas yo busqué vuestro mundo.
Vidas de los que amaron y cantaron
y fueron fieles hasta el fin.
La pasión por un orden os hacía dibujar
las iluminaciones en el Libro.
Y así el pincel acariciaba el cuerpo
de una amada crecida hasta tocar
los astros. ¡Desastrosos hacedores!
¡Júbilo del error que conlleva estar vivos!
Siempre pintando miniaturas. Ved
este silencio que preside el blanco
con un fondo amarillo
de sol y agujas góticas.
¡Estampas de países en los que
la muerte era feliz como la vida!
Apeninos de plata y más allá
el bosque de los monjes deslumbrados
que transforman las letras en imágenes.
Estampas
del dador de la dulce melodía,
el que rima reír con juventud.
Nuestras pobres estampas
tan bellas, sin embargo nunca vistas,
aquella en que trazamos
una resurrección.

Cuánto nos gustaría
vivir en los iconos,
las grandes miniaturas de los altos,
o en los lienzos de Flandes donde flotan los niños
y tienen los gorriones
su misión por cumplir. Así yo quiero
cantar hasta romper las miniaturas
y lo sagrado sangrará en los sellos
que quitan nuestros altos. La piedad
es un verano lúcido,
el sueño
de quien mira en el cielo
nocturno los tatuajes,
las miniaturas del eterno amor.

ESTE ES

Este es mi hijo, aquí tenéis, heridlo.
Desgarradlo con un garfio de fuego,
pues su amor es más grande.
Apedreadlo con los meteoritos,
pues su amor es más grande.
Acabad con él,
pues su amor es más grande.
Así hablo de mí ante vosotros,
pues yo me entregaré a amaros siempre.
Me cercará el dolor.
Me tentará la muerte.
Pero yo soy más grande.
Lo soy porque estoy cerca de vosotros,
altos hartos de ver las maravillas.
¿Puedo ser uno más?
¿Puedo deciros cosas como soles?
Pues si mío es el decir
siempre vuestro es el ser.
Vosotros no escribís porque sabéis
que sois la poesía no alcanzada
de quien sí escribe y quien se entregará
a la luz. Y ya nunca.
Y ya nunca el dolor.
Y ya nunca la muerte.
Tendré morada en los países blancos.
Veré el triunfo de mayo sobre el mar.

AQUELLA ES LA QUE AMO

Aquella es la que amo. Soy paciente.
Aprendí la paciencia de vosotros,
los que también la amáis,
los generosos.
Guiadla
no hacia mi corazón, que es donde vive,
sino a la eternidad, donde yo pueda
contemplarla con ojos inmortales
y su amor en la tierra recordar.
Recordar aquel día
del primer beso en mayo,
recordar aquel día del eclipse
y salvar el espíritu de toda destrucción.
Y de su mano ir por los caminos
de nuestra primavera verdadera.
Sedme buenos, mis altos.
Altos,
guiadla.
Aquella es la que amo porque la amáis vosotros,
quienes disteis un dulce parecido
a sus rasgos hipnóticos y suaves,
quienes le disteis vuestra misma voz.
Ella parece hija de los altos.
Y yo soy solo el familiar lejano,
el pobre que no tuvo igual riqueza,
desterrado a vivir en las provincias
misteriosas del tiempo y del amor.
Aquella es la que amo.
¿Pero por qué decirlo?
Vosotros lo sabéis mejor que yo.
Que mi vida no quite ni un ápice de luz

a la que es ya sagrada, a la que fue
la muchacha que roba buganvillas
y es música del mundo. Aquella a la que amo.

Y NOS REÚNE AL FIN

¡Danza de niños en la primavera!
Pasó ya mi niñez,
el tiempo de palacios y las danzas
con las ropas chapadas relucientes,
el tiempo de infantiles cortesanos
que celebraban el futuro hermoso.
En el terrible mayo invoco ahora
las sombras de la gloria que yo tuve.
Al sol lo conocía yo en persona.
A las nubes traté siempre de cerca.
¡Y las muchachas
a las que nunca volvería a ver!
Sí, mi reino
será un soplo, un capricho
de los altos que siempre me querrán.
En la terrible soledad espero
no la supervivencia, sino vida.
¡Vida siempre feliz! Es pedir mucho,
lo sé. Pero yo fui el coronado
por vosotros un día. Me bastaba
con alguna camisa, con algún
beso cuando la luna ya asomaba
prometiendo la noche
al bienaventurado. Qué lejanas ahora
las libélulas de la adoración.
¡Oh mago de prodigios tan pequeños!
En las clases de historia o matemáticas
soñaba con mi reino y con vosotros.
¡Era tan blanca vuestra perfección!
Y acaso fui un alumno
agradecido hacia maestros tales,

los que hacían nevar si tocaban el piano,
los que hacían reír si agitaban sus alas,
los que daban al fin esa embriaguez
llamada adolescencia.
Oídme ahora,
altos, oíd que os canto y que merezco
acaso una sonrisa,
alguna broma vuestra,
la gracia que derriba soledades
y nos reúne al fin
en el mismo gran sueño.

GENEALOGÍA

Yo desciendo de un sol
y soy padre de un viento.
En la cima del árbol genealógico
están los altos esperando hijos.
Y los tuvieron. Hijos
suyos son los poetas. ¡Los poetas!
Esta estirpe nacida de los altos
y abandonada y descielada aquí.
Cuánto sufren los hijos mientras ellos,
los altos padres, viven en la gloria
que jamás pasará.
Como los muertos no pueden hablar
los poetas sí vienen para hablarnos.
Con los brazos tendidos hacia el aire
los recibimos, con ardientes ganas.
Y un día de verano reina en el corazón
de los poetas, de los buenos hijos
que aceptan ser en todo desterrados,
pues ya no pertenecen a la tierra
y aún tampoco al cielo.
Y blancos van volando entre dos mundos
sin ser del uno ni del otro. ¿Cómo
fijar genealogías hechas aire?
Si los altos son padres de poetas,
los poetas son padres de los muertos.
¿Pues cómo sin palabras
habrá resurrección?
Amad a los poetas, porque el último
fulgor viene de manos de los hímnicos.
Ellos son los alados, los hijos de los altos.
Han sufrido y su peso

los inclina a la tierra.
Han cantado y su ser
los eleva hasta el cielo.

NOBLEZA OBLIGA

Porque nobleza obliga yo sufrí este mundo.
Tuve paciencia en medio de las llamas
y en la tormenta hallé mi mejor modo
de tocar el pïano. Porque obliga
nobleza abrazaré a los girasoles,
monjes ebrios del brillo de cantar.
Porque nobleza obliga no habrá lágrimas,
ni disculpas, ni llaves oxidadas
que quepan en la vieja cerradura
del ocaso. ¡Ay, nobleza!
¿Por qué te obedecemos y sufrimos?
Siempre en pie
y hasta el fin, como el pájaro
que venía a posarse en un alejandrino,
en una rama del soneto que
compuse adolescente.
¡Nobleza obliga a oír tantos azules!
Porque es este azul
el soplo de los altos,
este azul que destroza los oídos
es tan solo un susurro de los altos,
el mensaje que yo tengo que oír
para seguir en pie,
para alzar la cabeza en nuestra noche
y no caer y no caer y nunca
caer como mi hermano el girasol.
Porque en torno a vosotros me desplazo,
cenit del dobladillo de la luz.
Y el sol es mi botón porque vosotros
me lo cosisteis fuerte aquí en el pecho,
mis buenos sastres del morir más alto,

del morir elegante entre las flores
esperando más vida,
cantando aún porque nobleza obliga
a ser alto y feliz y enamorado.

COMO UN NIÑO

Me hicisteis como un niño, igual que un niño.
Para que yo no crezca,
para que yo no crezca con vosotros.
Me hicisteis como un niño
y contasteis después las maravillas
y sufrimientos que debía yo
pasar porque me hicisteis como un niño.
Llego siempre hasta aquí,
hasta el umbral del sol
y las puertas doradas no se abren
(no se abrirán hasta la muerte un día).
Y como un niño voy por los caminos,
cansado de belleza y plenitud.
Soy rico de aventura
y pobre de palabra.
Bueno, eso está bien; si al revés fuera
sería un charlatán sin nada que decir.
Y me quedo callado porque el don
tira de mí hacia el cenit en llamas
y rompe el verbo y rompe
en la salvaje orilla del oír,
el oír de los altos.
Ay, seré como un niño para ellos,
un niño entre doctores de la luz
y más alto que ellos porque yo
a todos los conozco aquí en mi infancia.
Los altos, sorprendidos, me dirán:
¡el sufrimiento te hizo como un niño!
Ven aquí con nosotros.
Pero yo, al mirar hacia los Cielos,
preguntaré por qué quieren mi amor

y sin respuesta iré por los senderos
de la mañana de verano y
habrá barcos mercantes en las nubes,
un país blanco por venir y habrá
juguetes y radiantes maravillas.
Y ya no sufriré,
sino que en gloria sonreiré glorioso.
Y les diré a los altos:
¡para qué me queréis
si yo soy como un niño!

LA CLASE

En la pequeña aula vi a los altos,
aula flotante en aire de los libres,
y aprendía poemas parecidos
al susurro del agua, y bendecía
la métrica que mueve las estrellas.
La pobre profesora no podía saber
que ella era el oráculo por quien
los altos me llegaban al verde corazón.
Después
sería el expulsado, el buen alumno
expulsado por ya saberlo todo.
Después me perdería por el mundo.
Pero el milagro ya se había cumplido.
Nunca, nunca
olvidaré la clase de los altos,
el aula donde entraban
por la ventana abierta hacia los oros
los altos con sus cuellos de jirafa.
Días de amor y de canciones puras.
Días que me fraguaron el espíritu
al soplo de los altos.
¡El espíritu en llamas!
Jamás será la muerte
el mayo de los altos.
Yo salía flotando de las clases,
persiguiendo a las niñas y dejando
que sonara Darío en las entrañas.
¡Fuego de San Telmo!
¡Y el danzar!
Ese vals de la balsa de los bellos.
Tú, labrado con fuego y con estrellas,

pudiste oír la voz de tantos altos,
cuyo número no dejará de crecer
mientras haya poetas en el mundo.
Yo mismo lo aprendí
cuando la vida aún era el Edén.
Tras la tormenta viene la palabra
y la palabra es santa.
A veces algún alto aún se acerca
y me destroza el pecho, me muerde el corazón.

HOMBRES DE PRUSIA

¿Y yo os conoceré?
El tiempo pasa como un sueño y yo
apenas sé cantar.
Hombres de Prusia encienden sus habanos
y la anciana teme la noche
porque escucha un galope de caballos.
¿Y yo os conoceré?
Decid, altos, decid la simpatía
que tuvisteis antaño entre los hombres.
Decid los bailes esos
en que los niños nunca
participamos: solo
nos dejabais jugar muy cerca, muy
encendidos de amor sin comprenderlo.
¡Pues dadnos otra orilla misteriosa!
Porque los niños viven en la orilla,
cerca del dobladillo y del ratón
y cerca de la escoba tan raquítica.
¿Conoceré a los altos algún día?
Hombres de Prusia tocan sus tambores
para abrir un camino en el oído,
para llegar al fondo
del oído color de fruta nueva,
del oído inventado que es verdad.
¡Que haya tantos cantantes,
pero solo un oído!
¿Y yo os conoceré?
Hombres de Prusia ven sonetos verdes.
Pero yo los veo a ellos, veo la gloria
de existir esta noche en primavera.
Un soplo somos bajo las estrellas

que sí se quedarán, soplo de gloria.
Altos de Prusia cantan en sus tumbas.

LOS VESTIDOS DE SOL

¡Los vestidos de sol, los calzados de nubes!
Esos éramos, sí.
Y en las tardes de viernes a través de las huertas
íbamos a verbenas, allí en el horizonte.
¡Madonna del licor!
¡Madonna de la música y espuma!
Dale a tu hijo el talento para ver
el color de la muerte.
Porque así, cuando acaben tantas fiestas,
tocaré con mis huesos un tambor,
este sol que resuena y que revive
porque un día coincidieron
una gran juventud y unas grandes canciones.
¡Y el haber sido ya, qué gran promesa
de volver y volver!
¿Cómo iba a perderme vuestro baile?
¿Cómo iba a perdérmelo?
Y rodar y rodar
por la hierba feliz, como con una
mujer. Mi ropa suena
y suena el corazón y el gran oído
rebosa eternidad.
¿Cómo iba a perderme
este rescate del gran galeón
hundido en las estrellas hace tanto?
Porque muy altos son los que saben cantar.
Porque muy altos son
los que tan solo escuchan y con pena
retirarán su oído de la música
para llenarlo con las matemáticas,
la historia y el latín.

¡Si voy de vuelo!
¡Si dejo atrás las clases y ahora subo
a bailar con los altos! Perdonadme.
Perdonadme porque he sobrevivido.
El barco que se hundió en el cielo tenía
una tripulación de afortunados.
Yo fui uno de ellos y los ahogados vuelven
cantando maravillas.

A LOS PREDESTINADOS

¡Príncipes del nacer y reyes del morir!
En los jardines de la suave sombra,
aún niños que no saben hablar,
qué bien sabíais ver.
Entonces sí cantaban vuestros ojos.
Solamente cantaban vuestros ojos
y los altos oían y os peinaban
con rayos y gorriones.
Dulces
eran las horas de la infancia albina,
de los niños hundidos en la luz,
los ahogados en don del despertar.
Amabais las hormigas de la tierra
y las nubes del cielo, pues todas desfilaban
con esa lentitud de la inmortalidad.
Niños de las visiones cuya fe
creaba paraísos irisados
en pompas de jabón. Bondad que hubo
en los altos entonces.
Predestinados fuisteis para ellos.
Listos para el encuentro con el sol.
En los jardines de la bella sombra
jugabais a esconderos y al fin resucitar.
¡Príncipes del nacer y reyes, reyes
del morir! En el mismo
rincón de aquel ocaso, en la cueva violeta
os hicisteis amigos de los altos.
Ignorando, sabíais más que ellos.
Y, sabiendo, podíais más que ellos.
Porque los altos son
y vosotros estáis,

estáis a punto de cantar, así:
como se educa a un viento, así a vosotros.
¡Los fuertes del verano en el espíritu!
Yo os conozco, el aún predestinado
que tuvo blanca vida entre las flores,
pues sabía que estaba sometido a misión.
Cómo soporta un niño el crecer pronto,
el cumplir en destello.
                                        No sabemos
hasta cuándo los altos nos esperan.
Pero si hubo paciencia en la creación
paciencia habrá en la muerte y las crisálidas
sonarán a cantata del callar.
Los niños y los altos
no mueren.
Su bolsillo está lleno de agujeros.

JUNIO

¿Junio aquí?
¿Junio aquí, en mi pecho? Entonces yo
soy quien lo hizo, yo, padre de junio.
¡Yo soy quien hizo el junio de los altos!
Y después
caí dormido hacia la esfera azul.
Qué agotador es daros vuestro Edén,
que no se perderá.
¡Porque yo hice vuestro Edén cantando!
Y así el poeta os roza los tobillos.
¡Si le dierais la mano!
¡Si le dierais la mano para subir ahí!
El cansado de tierras qué nuevos paraísos
vería
si le dierais la mano.
Pero tan solo dais
la mano a quien alaba vuestra altura
y no al poeta, que querría tirar
de vuestro paraíso hacia la tierra,
porque el pobre aún espera epifanía.
¡Pues dadle bien la mano!
¡Subidlo al sol, aúpa, por aquí!
Y el poeta feliz, como el niño de Percy,
debajo de los muebles
conversa con los santos
y persigue las altas ocasiones
de charlar con los muertos.
¡Oh sus días tocados por la gracia,
por la gracia que viene, por la gracia que viene!
Él apenas se atreve a respirar
para no despertar a los albinos.

En otros junios era yo estudiante
y pasaba la noche con los libros
y el balcón siempre abierto
a la gran compañía de los astros.
¡Cómo olvidar la gloria de estar vivo!
Y sin embargo habremos de olvidarla
así como se olvida nuestro primer amor,
como se olvida el cuerpo adolescente,
como se olvida al fin
la gloria de ser joven, de ser un estudiante
enamorado hasta el mes de agosto,
cuando habrá un nuevo amor y un viejo whisky
esperando al que pasa entre esplendores.
Y veré verdadera juventud.
Y seré joven verdaderamente.
Y a las tabernas del verano iré
pisando el césped rojo de los cielos.
Y cantaré baladas infantiles
donde los héroes tienen una larga nariz
porque dicen verdad.
Porque todos seremos
unos altos rabiosos.
Y la noche masiva será patria,
la patria en que descansan los despiertos.

CRUCES EN EL CAMPAMENTO

¿Por qué no se levantan los soldados?
¿Por qué no sale Aquiles de su tienda?
Hace un día estupendo para vivir luchando
y está callado todo el campamento.
¡Las hazañas de ayer!
¡El gran amor de ayer!
Todo cae al olvido y nadie abre
su tumba y sale al sol.
¡Esta terrible paz tan silenciosa!
Ay, hagamos sonar
con un hueso el escudo, con un beso
alcemos el gran fuego que consuela la noche.
Y esperemos el día
de la última batalla.
Y la caballería
a vista de lo eterno partirá.
Casi arranca ya el sol
el nombre a cada lápida.
¡Fuegos de campamento
os abrirán los ojos!
¡Oh el amor a los aires y los seres!
¡Está tan limpio ya mi corazón!
Qué ganas de salir.
Qué alegría saber que seremos aéreos.
¿Pero esto era así?
Resistiendo la noche con los fuegos.
¡Y saldrán tantos altos de estas tumbas!
¡Oh guerreros alzados por la gracia
y por la luz, que es siempre!
No digáis
que esto tan solo es resurrección.

Es
la trinchera que ocupan los despiertos
vigilando que no, que nunca más
caiga la noche sobre el campamento.

ZALAMERO

Tú, zalamero, el del oído bizco,
el alto con defectos de la altura,
no pienses que eres tú
el último del reino.
También a ti te quiero, a ti te escucho,
porque tú eres tan torpe como yo,
pato patoso que pusiste un huevo
y el sol rompió la cáscara, oh poniente
de verano. Patoso tú que cantas
y tropiezas con nubes.
                                        Siempre, siempre
llegas tarde a la clase de los altos
sin lápiz ni cuaderno, ese cuaderno
lleno de garabatos y poemas
que son nuestros paisajes y la vida
más alta para mí, la vida que
te llega a los talones, predilecto.
¡Sí, predilecto, porque en ti me he visto!
Me reconozco en ti, me reconozco
en ese amor tan grande por la vida
que tenemos los que
no sabemos vivir.
¡No sabemos vivir nosotros, altos!
¿Entonces quién sabrá?
¡Nadie, nadie!
Nadie sabe vivir, pero aquí estamos,
intentándolo aún un poco más.
Y sonreímos y
hacemos tarta de manzana
para los pobres muertos.
Tú, zalamero, el de la tumba astuta,

el zalamero de melaza y música,
tú eres mi querido y torpe alto
porque aún nos recuerdas,
porque recuerdas a todos los vivos
olvidados del todo y para siempre,
mientras brilláis los altos en el reino,
reino de perfección donde ninguno
será herido de amor ni sometido
a la muerte que invoca a los azules
y los transforma en altos.
Pero a veces se cuela una brizna de hierba,
un pedacito de mi sol impuro,
la risa de una muchacha,
unos ojos,
la gran memoria de
haber estado vivo.
Y entonces nace el alto con defectos,
el que sabe que estuvo
vivo aquí, a este lado,
el alto zalamero,
glorioso ya porque verá la gloria.

MI ÚNICO JUGUETE

¡Y cómo se encendía bajo el sol!
¡Bajo la luna cómo resonaba!
El único juguete que yo tuve,
porque algo hay que hacer en esta vida
y yo quise jugar a ser un alto.
¿Cómo puede un juguete
hacer feliz y ser feliz a un tiempo?
No lo sé, pero tuve
la inmensa suerte de encontrarte en mí,
juguete que dormías junto a mi corazón.
Y porque tú eras alto así mis días
altos fueron también, juguete mío,
ratoncillo mecánico que giras
alrededor de nuestra eternidad.
¡Oh la circunferencia del juguete!
¡El mar dentro de un dado
y Hungría en mis dos ojos!
Quién me iba a decir que cuando despertara...
¡Quién me iba a decir!
Y resultó que allí estabas tú,
traqueteo de luz dentro del dios,
sonido de las rosas molto andante,
y pan y paz y párvulo
decir, este pequeño decir de los poetas
que se enciende de pronto y canta y suena
como estrella caída en el granero.
¡Qué alegre estaba yo,
pues el juguete nunca acabaría!
Al fin en el jardín de infancia de los altos.
El niño que flotó sobre los cedros,
el niño y su juguete y no morir.

¿Qué ha pasado? ¿Por qué
te estropeaste?
¿Por qué ya nunca suenas ni ya brillas?
¡Si fuimos los jinetes de las nubes!
¡Si fuimos tú y yo emperadores
vestidos con las telas del ocaso!
Y ahora silbo y no estás y ahora silbo
y no estás. ¿Has crecido,
has caído en la luz común del día?
¡Yo te rescataré!
¡Yo te daré la vida que me diste!
Pues a donde yo voy tú no puedes entrar.
¡Juguete que me hiciste
soñar y cantar tanto!
Y tú te quedarás, mi traqueteo,
mi linterna que alumbras esta última sed.

PORQUE EL CIELO Y LA TIERRA HAN DE PASAR

Es el cuerpo ligero el que hace a los héroes
ser saltarines y ser bailarines.
Y una breve memoria tenemos de este mundo,
el aún adorable.
Hoy he soñado que volvía a casa
después del primer curso de la Universidad.
Y que volvía joven para siempre
porque todo era joven:
la luz y el gran amor
y esos frescos pintados en el cielo de otoño
con escenas de jóvenes. Sí, hoy
he soñado
que yo sería joven para siempre.
¡Y ya puedo morir
porque alcancé mi juventud un día!
¡Oh con qué suavidad
los jóvenes apoyan la cabeza
en la hierba y mirando frente a frente
al cielo desafían a algún hondo poder
que desearía destruirlos!
En su debilidad está toda la fuerza
del mundo y es apenas
otro sueño la muerte.
Con mis ropas chapadas de amador
me tiendo sobre el césped y sonrío
empapado en las aguas moradas del ocaso.
Estoy cansado hoy,
pero mañana habrá una fiesta y
los jóvenes seremos otra vez los heraldos
alegres de mi sol. ¡Yo cantaré

en la cima del águila!
Rapaz que yo seré, rapaz gamberro
y adorado por cielos y por tierras.
Porque el cielo y la tierra han de pasar
antes que acabe el sueño de ser alto.

SU SORDERA

Imagino que Dios será un buen sordo,
un sordo muy apacible,
y que por eso mismo nos soporta.
¡Porque no oye nada!
¡Ay, Jerusalén!
La torre de las estupideces
que entre todos decimos
más alta es que la torre de Babel
y llega aún más lejos.
¡Y sin embargo un sordo
puede componer música!
¡Oh sordos que nos disteis tanta música!
Los siempre vivos sois, los que jamás se ataron
a un acorde ni un si
menor en todo caso.
Y la torre amarilla,
la torre que culmina en unas garras
gigantes, esa torre
del odio y de la envidia y la maledicencia
sube y escala hacia su santo oído,
pero él no lo advierte.
Ni siquiera a los buenos oye Dios.
Pero pone el oído
y toda su atención
si un niño le habla y le pide ser novio
de la niña más guapa de la clase.
¡Entonces qué torrente!
Dios ha abierto su oído y su oído es el Maelstrom,
su oído es el canal de Panamá,
la cara oculta de la luna.
Y al oído de Dios caemos ascendiendo.

Ahí va todo, nosotros y la música,
los justos y también los miserables,
los solitarios y
los tímidos cayendo
al divino tornado. Pero Dios
nos escupe después
a todos y quedó la vocecita
del niño solamente:
Señor, haz que me quiera, haz
que me quiera…

A QUIEN PASA CANTANDO

Siento vidas ajenas que viví como propias,
las vidas de poetas muy amados.
Siento sus vidas como
si en la mía por fin desembocaran.
Las vidas de poetas que se fueron durmiendo
en brazos de los altos,
como yo mismo dormiré algún día
en otra vida alta.
Y así los altos tienen el recuerdo
de haber sido pequeños, terrenales.
El soplo que sintieron los poetas
será en los altos la respiración
cotidiana de azules y amarillos.
El estremecimiento
que sienten los poetas
en los altos será solo estornudo.
Y la memoria, el pan de los poetas,
será para los altos un destino
de infancia sin recuerdos.
Pues los poetas aman un reino pasajero
y los altos consuelan a quien pasó cantando
la gloria de lo vivo y por vivir.
Así podré tranquilamente un día
dormir y descansar
en brazos de los altos.
En ellos se detiene para siempre
la vida pasajera, porque en ellos comienza
la eternidad.
¡Leyenda de las vidas
que viví como propias, que morí
como propias! Leyenda de las vidas

que amaron el amor y las canciones.
¡Historia de los jóvenes perfectos!
En la cima de amor y de palabra
no supieron los jóvenes que esperaban los altos.
¡En la cima de amor y de palabra!
No le quitéis el don a quien lo supo.
A quien supo esta gloria no quitéis,
oh altos, vuestra gracia.
Igual que yo viví
las vidas de poetas muy amados
vendrán los altos a vivir mi vida
cuando yo solo sea
una sombra que pasa.

ADIÓS, ALTO

Adiós, alto que fuiste tan pequeño.
Adiós al capitán de los ratones.
Adiós al niño que se evaporaba
dejando solo ver su gran sonrisa.
Adiós, alto. No suena el aldabón
en la puerta del Cielo y mirarás
por la divina cerradura un día
y verás a otros altos conversando
de cuando fueron hombres en la tierra.
¡Oh la grandeza del recuerdo entonces!
Pues tú recordarás
haber sido pequeño en brazos de los dioses,
un alto diminuto con ojos rebosantes.
Recordarás el viejo jardín, la tierra verde.
Verás a tus hermanos y te verás a ti
rodando por la hierba y por el barro,
hijos de la tormenta, ese juguete
que solo saben manejar los altos.
¡Te atreviste a ser alto!
Y celebraste aquel Pentecostés
de las lenguas de fuego coronando los árboles.
¡Don de lenguas
para unos chiquillos destinados,
como todos los niños, a la altura!
Pero ser hombre es duro, es más difícil
que ser un niño ya predestinado.
A menudo parece que los hombres no ven
los frágiles prodigios de los días.
Pero dentro del hombre aguarda el alto,
porque el hombre fue niño.
¡Y al saber esto qué felices vamos

a la muerte, al amor, a la memoria!
Pues osamos ser niños en la vida,
seremos altos en la muerte. ¡Canta,
alto, canta países por venir!
Pues nada acaba, sino que prosigue
siempre y siempre la gloria. Adiós, adiós,
alto al que amé y a quien me vuelvo ahora
porque lleva mi nombre
y los nombres no acaban: son estrellas,
inmutables hazañas para siempre.
¡Adiós al cantarín del corazón
que vaya donde fuese será alto!

ÍNDICE

Se terminó de imprimir esta edición de
Himnos a los altos de Fernando Plata,
prologada por José Luis Rey,
en Sevilla, el día 7 de octubre de 2024